Vorwort

Frischer Fisch, k
mit einer feinen
wahrer Augen-
Sie sich dieses
problemlos gön
praktische Aufla
Auflaufpfanne gelingen Aufläufe perfekt. Lassen Sie sich von unseren Rezepten verlocken und probieren Sie, wie lecker zum Beispiel Paella à la Neff schmeckt.

Foreword

Fresh fish, crunchy vegetables or pasta with a delicate filling – a bake is a real feast for the eyes – and the taste buds! With the practical deep-sided dish from Neff, it's easy to treat yourself to one of these cooking delights. Perfect bakes with the deep-sided dish. Let yourself be tempted by our recipes and see how delicious Paella à la Neff tastes, for example.

Voorwoord

Verse vis, knapperige groente of pasta met een fijne vulling – een ovenschotel is werkelijk een oogstrelend en zeer smakelijk gerecht. Om u dit kookplezier eenvoudig en probleemloos te kunnen bieden is er de pan voor ovenschotels van Neff. Hiermee lukken uw ovenschotels perfect. Laat u door onze recepten verlokken en probeer hoe goed bijv. paella à la Neff smaakt.

Avant-propos

Poisson frais, légumes croquants ou pâtes finement garnies – un gratin est un véritable régal pour les yeux et le palais. Pour vous permettre de profiter en toute simplicité et sans problème de ce plaisir culinaire, Neff vous propose son pratique plat à gratin. Réussissez vous gratins à la perfection avec le plat à gratin. Laissez-vous tenter par nos recettes et savourez, par exemple, une paella façon Neff.

Premessa

Pesce fresco, verdure croccanti o pasta con un ripieno delicato – uno sformato è un vero banchetto per gli occhi e il palato. Per potersi gustare questo piacere della tavola in modo semplice e senza problemi si consiglia la pratica teglia per sformati di Neff. Con questa teglia gli sformati saranno perfetti. Consigliamo di lasciarsi catturare dalle nostre ricette e provare la bontà della Paella à la Neff, ad esempio.

Introducción

Pescado fresco, verduras frescas o pasta con un fino relleno: un gratinado es un verdadero placer para la vista y el paladar. Y para que pueda disfrutar también del placer de cocinar, Neff presenta una práctica bandeja para gratinar. Con esta bandeja se obtienen unos gratinados perfectos. Déjese seducir por nuestras recetas y disfrute del sabor de la "Paella à la Neff" entre otras muchas propuestas.

Вступление

Свежая рыба, хрустящие овощи или макароны с изысканной начинкой – запеканка просто радует глаз и вкус.
Для того, чтобы вы могли легко и быстро приготовить это чудо кулинарного искусства, компания Neff создала практичный противень для запеканки.
С нашим противнем запеканки получаются превосходно. Вдохновитесь нашими рецептами и попробуйте приготовить, например, потрясающе вкусную паэлью a la Neff.

Πρόλογος

Φρέσκο ψάρι, τραγανιστά λαχανικά ή μακαρονάκια με μια λεπτή γέμιση – ένα σουφλέ είναι ένα πραγματικό χάρμα οφθαλμών και γευστικότατο φαγητό. Για να μπορείτε να παρασκευάζετε αυτό το υπέροχο φαγητό απλά και χωρίς πρόβλημα, υπάρχει το πρακτικό ταψί σουφλέ της Neff. Με το ταψί σουφλέ πετυχαίνουν τα σουφλέ τέλεια. Αφήστε να σας δελεάσουν οι συνταγές μας και δοκιμάστε, πόσο εύγευστη είναι για παράδειγμα η Paella à la Neff.

Paella

für 10-12 Portionen:

1 Brathähnchen (ca. 1 kg)
1 Paprika, rot
1 Paprika, grün
2 Fleischtomaten
2 - 3 Zwiebeln
3 Knoblauchzehen
6 EL Olivenöl
Salz
Pfeffer
300 g Erbsen
150 g Oliven, grün, entsteint
750 g Rundkornreis, spanisch (ersatzweise Risottoreis, italienisch)
2 Dosen (á 0,1 g) Safran
2 l Fleischbrühe, heiß
300 g Tintenfischringe
300 g Muschelfleisch
500 g Garnelen, roh, ungeschält

1 Hähnchen waschen, in 12 Stücke teilen und trockentupfen. Paprikaschoten putzen, Kerne und Trennwände entfernen.

2 Tomaten entkernen, Stielansatz entfernen, Tomaten und Paprika grob würfeln. Zwiebeln und Knoblauch schälen und fein hacken.

3 Auflaufpfanne großzügig mit Öl bepinseln und im Backofen aufheizen.

4 Hähnchenteile ins heiße Fett legen, anbraten (ca. 20 Min.), dabei gelegentlich wenden. Hähnchenteile mit Salz und Pfeffer würzen. Tintenfischringe, Paprika, Zwiebeln und Knoblauch zugeben und kurz angehen lassen.

5 Reis zugeben, Safran in 1 l Fleischbrühe auflösen und Reis damit aufgießen. Wenn der Reis die Flüssigkeit zu ⅔ aufgesogen hat (ca. 10-15 Min.), Tomaten, Erbsen, Oliven und Muschelfleisch zugeben.

6 Nochmals 500 ml Fleischbrühe aufgießen, Reis soll die Flüssigkeit fast vollständig aufnehmen. Restliche Fleischbrühe nach und nach zugeben, die Flüssigkeit muss vom Reis vollständig aufgenommen werden.

7 Kurz vor Ende der Gardauer – der Reis ist in der Mitte noch kernig, die Paella hat eine leicht cremige Konsistenz – Garnelen zugeben und weitergaren (ca. 5 Min.).

8 Backofen ausschalten und Paella ruhen lassen (ca. 10-15 Min.).

		Temperatur (°C)	Einschub-höhe	Gardauer (Min.)
	Heißluft	180 - 190	1	55 - 65
	Ober-/Unterhitze	200 - 210	2	55 - 65
Compact:	Heißluft	160 - 170	1	60 - 70
	Ober-/Unterhitze	180 - 190	2	60 - 70

Tipp:
Rühren Sie den Reis während des Garens hin und wieder vorsichtig um, damit der Reis gleichmäßig durchgart.

Moussaka

für 8-10 Portionen:
3,0 kg Auberginen
200 g Salz
125 - 250 ml Olivenöl
1 kg Fleischtomaten

Fleischsoße:
Olivenöl
200 - 300 g Zwiebeln, gehackt
1,2 kg Rinderhackfleisch
250 mlWeißwein, trocken
Salz
Pfeffer
Zucker
2 Gewürznelken
2 Lorbeerblätter
Oregano
Thymian
Zimt
50 g Paniermehl

Bechamelsoße:
80 g Butter
60 g Weizenmehl
1,5 l Milch
Zitronensaft
Salz
Pfeffer
Muskatnuss, gemahlen
4 Eier

1 Auberginen säubern, Stielansätze entfernen und längs in 1 cm dicke Scheiben schneiden, salzen und stehen lassen (ca. 45 Min.).

2 Scheiben abspülen, trocken tupfen, in reichlich Öl bei großer Hitze leicht anbraten und abtropfen lassen.

3 Tomaten waschen, Strunk entfernen und in Scheiben schneiden.

4 Öl in einer Pfanne erhitzen, Zwiebeln dazugeben und andünsten. Hackfleisch dazugeben, anbraten, bis der Fleischsaft verdampft ist, mit Wein ablöschen.
Salz, Pfeffer, Zucker, Gewürznelken, Lorbeerblätter, Oregano, Thymian, Zimt dazugeben und schmoren lassen, bis die Flüssigkeit fast vollständig reduziert ist.
Restliche Flüssigkeit mit der Hälfte der Semmelbrösel abbinden.

5 Butter zerlassen, Mehl dazugeben und unter Rühren lichtgelb anschwitzen.
Milch auf einmal dazugeben, aufkochen, unter ständigem Rühren köcheln lassen (ca. 10 Min.), mit Zitronensaft, Salz, Pfeffer und Muskatnuss abschmecken, mit Eiern legieren.
Gefettete und mit Paniermehl ausgestreute Auflaufform mit der Hälfte der Auberginenscheiben auslegen. Hackfleisch darauf verteilen, mit der Hälfte des Käses bestreuen und mit den Tomatenscheiben belegen.

150 g Kefalo-Käse, gerieben (ersatzweise: Feta- oder Parmesankäse)

6 Die restlichen Auberginenscheiben auflegen, mit Käse bestreuen und mit Bechamelsoße übergießen. Im Backofen überbacken und heiß servieren.

		Temperatur (°C)	Einschub-höhe	Gardauer (Min.)
	⊛	160 - 170	1	55 - 65
	⊟	180 - 190	2	55 - 65
Compact:	⊛	160 - 170	1	65 - 75
	⊟	170 - 180	2	65 - 75

Lasagne

für 6 Portionen:
30 Lasagneblätter, ohne Vorkochen

Fleischsoße:
2 Karotten
120 g Sellerieknolle
2 Zwiebeln
2 Knoblauchzehen
200 g Schinken, gekocht
Olivenöl
600 g Rinderhackfleisch
250 ml Rotwein
1 l Tomatenpüree
2 Lorbeerblätter
2 Gewürznelken
Salz
Pfeffer
Zucker
1 Msp. Zimt
Basilikum
Salbei

Bechamelsoße:
1,5 l Milch
100 g Weizenmehl
100 g Butter
Zitronensaft
Salz
Pfeffer
Muskatnuss, gem.
5 Kugeln Mozzarella, gewürfelt
80 g Parmesan, gewürfelt
50 g Butter

1 Karotte, Sellerie, Zwiebel und Knoblauch säubern, schälen und mit dem Schinken fein hacken.

2 Öl in der Pfanne erhitzen, Hackfleisch anbraten, Gemüse und Schinken zugeben, kurz mitdünsten und mit Rotwein ablöschen.

3 Die Soße auf die Hälfte reduzieren lassen, mit dem Tomatenpüree aufgießen. Lorbeerblatt, Nelke, Pfeffer, Salz, Zucker und Zimt zugeben und schmoren lassen(ca. 45 Min.). Zum Ende der Gardauer Basilikum und Salbei zugeben.

4 Milch leicht erwärmen.
Butter zerlassen und Mehl unterrühren, leicht abbrennen (am Topfboden bildet sich eine weiße Haut) und nach und nach die Milch unterrühren.

5 Die Soße unter ständigem Rühren aufkochen (ca. 10 Min.) und kurz vor Ende der Gardauer mit Zitronensaft, Salz, Pfeffer und Muskatnuss abschmecken.

6 Etwas Fleisch- und Bechamelsoße in eine gefettete Auflaufform gießen und vermengen.

Auflaufpfanne

7 Darauf eine Schicht Lasagneblätter legen und jeweils mit einer Schicht Fleisch- und Bechamelsoße übergießen, Mozzarella und Parmesan darüber streuen. Den Vorgang wiederholen, bis alle Zutaten aufgebraucht sind.

8 Die letzten Lasagneblätter mit Bechamelsoße bedecken und mit Parmesan und Butterflocken bestreuen. Zum Überbacken in den Backofen geben und heiß servieren.

		Temperatur (°C)	Einschub-höhe	Gardauer (Min.)
		160 - 170	1	45 - 55
		180 - 190	2	45 - 55
Compact:		160 - 170	1	50 - 60
		170 - 180	2	50 - 60

Kaninchenkeulen

Auflaufpfanne

für 10-12 Portionen:
10-12 Kaninchenkeulen
(à 220-250 g)

Kaninchenkeulen mit
Senf-Kräuter-Kruste:
Pfeffer
1 Bund Thymian
4 Zweige Rosmarin
3 Zweige Salbei
120-150 g Dijonsenf, scharf

Provenzalische Kaninchen-
keulen:
Olivenöl
2-3 Knoblauchzehen
½ Bund Thymian
2 Zweige Rosmarin
2 Zweige Salbei
3 Lorbeerblätter
8 Senfkörner

1 Kaninchenkeulen mit Senf-Kräuter-Kruste: Kaninchenkeulen waschen, trocken tupfen, leicht pfeffern und in eine gefettete Auflaufform legen.

2 Thymian, Rosmarin und Salbei waschen, trocken schütteln und die Blättchen von den Stielen entfernen, fein hacken, Senf dazugeben und gut vermengen.

3 Keulen mit der Senf-Kräuter-Paste bestreichen und im Backofen braten.

1 Provenzalische Kaninchenkeulen: Kaninchenkeulen waschen, trocken tupfen und mit Öl bestreichen.

2 Knoblauch schälen und der Länge nach halbieren. Thymian, Rosmarin und Salbei waschen, trocken schütteln und die Blättchen von den Stielen entfernen und fein hacken.

3 Keulen rundum mit Öl bestreichen und in eine Schüssel mit Deckel geben.

4 Kräuter, Lorbeerblätter und Senfkörner zwischen den Keulen verteilen, Schüssel verschließen und ziehen lassen (ca. 1,5-2 Std.).

5 Keulen in eine Auflaufform legen und im Backofen braten.

		Temperatur (°C)	Einschub-höhe	Gardauer (Min.)
		170 - 180	1	35 - 40
		200 - 210	2	35 - 40
Compact:		170 - 180	1	35 - 45
		200 - 210	2	35 - 45

Paella

Enamelled extra deep roasting pan

serves 10-12:

1 roasting chicken
(approx. 1 kg)
1 red pepper
1 green pepper
2 beef tomatoes
2-3 onions
3 cloves garlic
6 tbsp olive oil
Salt
Pepper
300 g peas
150 g green olives, pitted
750 g Spanish round corn rice
(alternatively, Italian risotto rice)
2 jars (0.1 g each) of saffron
2 l meat stock, hot
300 g squid rings
300 g shelled mussels
500 g prawns, raw, unshelled

1 Wash chicken, cut into 12 pieces, and pat dry. Clean peppers and remove seeds and white pith.

2 Core the tomatoes, remove the stalk, cut the tomatoes and peppers into large chunks. Peel and finely chop the onions and garlic.

3 Brush the deep-sided dish generously with oil and heat it in the oven.

4 Place the chicken portions into the hot fat and brown them (for approx. 20 mins), turning occasionally. Season the chicken portions with salt and pepper.
Add the squid rings, peppers, onions and garlic, and allow to soften briefly.

5 Add the rice, dissolve the saffron in 1 l meat stock and pour onto rice. Once the rice has soaked up about ⅔ of the liquid, (after approx. 10-15 mins), add the tomatoes, peas, olives and shelled mussels.

6 Pour on another 500 ml meat stock. The rice should soak up nearly all the liquid. Add the remaining meat stock little by little. The rice must soak up all the liquid.

7 Just before the end of the cooking time - the rice is still hard in the middle, and the paella has a slightly creamy consistency - add the prawns and allow to continue cooking (approx. 5 mins).

8 Switch off the oven and allow the paella to stand (for approx. 10-15 mins).

		Temperature (°C)	Shelf position	Cooking time (minutes)
	⊞ (fan)	180 - 190	1	55 - 65
	⊟ (conventional)	200 - 210	2	55 - 65
Compact:	⊞ (fan)	160 - 170	1	60 - 70
	⊟ (conventional)	180 - 190	2	60 - 70

Cook's tip:
Carefully stir the rice now and again during cooking, so that it cooks through evenly.

Moussaka

serves 8-10:
3.0 kg aubergines
200 g salt
125-250 ml olive oil
1 kg beef tomatoes

Meat sauce:
Olive oil
200-300 g chopped onion
1.2 kg minced beef
250 ml dry white wine
Salt
Pepper
Sugar
2 cloves
2 bay leaves
Oregano
Thyme
Cinnamon
50 g breadcrumbs

Béchamel sauce:
80 g butter
60 g plain flour
1.5 l milk
Lemon juice
Salt
Pepper
Nutmeg, ground
4 eggs

1 Wash the aubergines, remove the stem bases and cut lengthways into 1 cm thick slices, season with salt and leave to stand (approx. 45 minutes).

2 Rinse the slices, pat dry, fry lightly on a high heat in a generous amount of oil and drain.

3 Wash the tomatoes, remove the stalk and cut into slices.

4 Meat sauce:
Heat oil in a pan, add the onions and sweat. Add the minced beef, fry until the juices have evaporated, deglaze with the wine.
Add the salt, pepper, sugar, cloves, bay leaves, oregano, thyme and cinnamon and simmer until the liquid is almost fully reduced.
Thicken the remaining liquid with half of the breadcrumbs.

5 Béchamel sauce:
Melt the butter, add the flour and cook through until light yellow, stirring all the time. Add all the milk, bring to the boil and simmer, stirring all the time (approx. 10 minutes), season with the lemon juice, salt, pepper and nutmeg, combine with the eggs.
Grease an ovenproof dish, dust with breadcrumbs, and line with half the aubergine slices. Spread the minced meat on top, sprinkle with half of the cheese and cover with the sliced tomatoes.

150 g kefalo cheese, grated (alternatively: feta or parmesan)

6 Place the rest of the aubergine slices on top, sprinkle with cheese and pour over the béchamel sauce. Bake in the oven and serve hot.

		Temperature (°C)	Shelf position	Cooking time (minutes)
	⊛	160 - 170	1	55 - 65
	⊟	180 - 190	2	55 - 65
Compact:	⊛	160 - 170	1	65 - 75
	⊟	170 - 180	2	65 - 75

Lasagne

serves 6:
30 lasagne sheets, uncooked

Meat sauce:
2 carrots
120 g celeriac
2 onions
2 cloves garlic
200 g ham, cooked
Olive oil
600 g minced beef
250 ml red wine
1 l tomato purée
2 bay leaves
2 cloves
Salt
Pepper
Sugar
1 small pinch cinnamon
Basil
Sage

Béchamel sauce:
1.5 l milk
100 g plain flour
100 g butter
Lemon juice
Salt
Pepper
Nutmeg, ground

5 balls mozzarella, diced
80 g parmesan, diced
50 g butter

1 Trim and peel the carrot, celeriac, onion and garlic and chop finely together with the ham.

2 Heat the oil in the pan, brown the mince, add the vegetables and ham, fry briefly and deglaze the pan with red wine.

3 Allow the sauce to reduce by half, stir in the tomato purée. Add the bay leaf, clove, pepper, salt, sugar and cinnamon and allow to stew (approx. 45 minutes). Add the basil and sage at the end of the cooking time.

4 Gently heat the milk.
Melt the butter and stir in the flour, gently work the mixture until a paste is formed (a white skin forms on the bottom of the pan) and stir in the milk a little at a time.

5 Bring the sauce to a boil while stirring continuously (approx. 10 minutes) and season with lemon juice, salt, pepper and nutmeg shortly before the end of the cooking time.

6 Pour some of the meat sauce and béchamel sauce into a greased ovenproof dish and mix together.

7 Place a layer of lasagne sheets on top and pour over a layer of meat sauce and a layer of béchamel sauce, sprinkle with mozzarella and parmesan. Repeat the process until all the ingredients have been used.

8 Cover the last layer of lasagne sheets with béchamel sauce and sprinkle with parmesan and knobs of butter. Bake in the oven and serve hot.

		Temperature (°C)	Shelf position	Cooking time (minutes)
		160 - 170	1	45 - 55
		180 - 190	2	45 - 55
Compact:		160 - 170	1	50 - 60
		170 - 180	2	50 - 60

Leg of rabbit

Enamelled extra deep roasting pan

serves 10-12:
10-12 rabbit legs
(220-250 g each)

Leg of rabbit with a mustard and herb crust:
Pepper
1 bunch thyme
4 sprigs rosemary
3 sprigs of sage
120-150 g Dijon mustard, hot

1 Leg of rabbit with a mustard and herb crust: Wash the rabbit legs, pat dry, season with a little pepper and place in a greased ovenproof dish.

2 Wash the thyme, rosemary and sage, shake dry and pluck the leaves from the stalks, chop finely, add the mustard and mix well.

3 Brush the legs with the mustard and herb paste and bake in the oven.

Provençal rabbit legs:
Olive oil
23 cloves garlic
½ bunch thyme
2 sprigs rosemary
2 sprigs of sage
3 bay leaves
8 mustard seeds

1 Provençal rabbit legs: Wash the rabbit legs, pat dry and brush with oil. Peel the garlic and halve lengthways.

2 Wash the thyme, rosemary and sage, shake dry and pluck the leaves from the stalks and chop finely.

3 Brush the rabbit legs all over with oil and place in a bowl with a lid.

4 Distribute the herbs, bay leaves and mustard seeds amongst the legs, put the lid on the bowl and allow to marinate (approx. 1.5-2 hours).

5 Place the legs in an ovenproof dish and cook in the oven.

		Temperature (°C)	Shelf position	Cooking time (minutes)
		170 - 180	1	35 - 40
		200 - 210	2	35 - 40
Compact:		170 - 180	1	35 - 45
		200 - 210	2	35 - 45

Paella

10-12 Porties:
1 braadhaantje (ca. 1 kg)
1 paprika, rood
1 paprika, groen
2 vleestomaten
2 - 3 uien
3 teentjes knoflook
6 el olijfolie
zout
peper
300 g erwten
150 g olijven, groen, ontpit
750 g rijst met ronde korrel, Spaans (als vervanging risottorijst, Italiaans)
2 zakjes (á 0,1 g) saffraan
2 l vleesbouillon, heet
300 g inktvisringen
300 g mosselen
500 g garnalen, rauw, ongepeld

1 Kip wassen, in 12 stukken verdelen en droogdeppen. Paprika's schoonmaken, pitten en scheidingswanden verwijderen.

2 Tomaten ontpitten, steelaanzet verwijderen, tomaten en paprika in flinke stukjes snijden. Uien en knoflook pellen en fijnhakken.

3 Pan voor de ovenschotel royaal met olie insmeren en in de oven opwarmen.

4 Stukken kip in het hete vet leggen, aanbraden (ca. 20 min.), hierbij af en toe keren. Stukken kip kruiden met zout en peper. Inktvisringen, paprika, uien en knoflook toevoegen en kort meebakken.

5 Rijst toevoegen, saffraan in 1 l vleesbouillon oplossen en dit over de rijst gieten. Wanneer de rijst de vloeistof tot ⅔ opgezogen heeft (ca. 10-15 min.), tomaten, erwten en mosselen toevoegen.

6 Nogmaals 500 ml vleesbouillon erbij doen, de rijst moet de vloeistof bijna volledig opnemen. De rest van de vleesbouillon geleidelijk toevoegen, de vloeistof moet volledig door de rijst worden opgenomen.

7 Kort voor het einde van de bereidingstijd - de rijst is in het midden nog stevig, de paella heeft een licht romige consistentie - garnalen toevoegen en verder garen (ca. 5 min.).

8 Oven uitschakelen en de paella laten rusten (ca. 10 - 15 min.).

		Temperatuur (°C)	Inschuif-hoogte	Bereidingstijd (min.)
	hetelucht	180 - 190	1	55 - 65
	boven-/onderwarmte	200 - 210	2	55 - 65
Compact:	hetelucht	160 - 170	1	60 - 70
	boven-/onderwarmte	180 - 190	2	60 - 70

Tip:

Roer de rijst tijdens de bereiding af en toe voorzichtig om, zodat hij gelijkmatig gaar wordt.

Moussaka

Extra diepe braadslede

8-10 Porties:
3,0 kg aubergines
200 g zout
125 - 250 ml olijfolie
1 kg vleestomaten

1 Aubergines wassen, steelaanzetten verwijderen en over de lengte in plakken van 1 cm dik snijden, zouten en laten staan (ca. 45 min.).

2 De plakken droogdeppen, in ruim olie bij grote hitte even licht bakken en laten uitlekken.

3 Tomaten wassen, stronkjes verwijderen en in plakken snijden.

Vleessaus:
olijfolie
200 - 300 g uien, gehakt
1,2 kg rundergehakt
250 ml witte wijn, droog
zout
peper
suiker
2 kruidnagels
2 laurierblaadjes
oregano
tijm
kaneel
50 g paneermeel

4 Olie in een pan verhitten, uien erbij doen en zachtjes fruiten.
Gehakt erbij doen, aanbraden tot het vleessap verdampt is, met wijn blussen.
Zout, peper, suiker, kruidnagels, laurierblaadjes, oregano, tijm, kaneel erbij doen en laten stoven, tot het vocht bijna volledig is gereduceerd.
De rest van het vocht binden met de helft van het paneermeel.

Bechamelsaus:
80 g boter
60 g bloem
1,5 l melk
citroensap
zout
peper
nootmuskaat, gemalen
4 eieren

5 Boter smelten, bloem toevoegen en al roerend lichtgeel bakken.
Melk in één keer eraan toevoegen, opkoken, onder voortdurend roeren laten sudderen (ca. 10 min.), met citroensap, zout, peper en nootmuskaat op smaak brengen, binden met de eieren.
De ingevette en met paneermeel bestrooide ovenschaal bedekken met de helft van de auberginepplakken. Gehakt erover verdelen, met de helft van de kaas bestrooien en de tomatenplakjes erop leggen.

150 g Kefalo-kaas, geraspt (als vervanging: Feta- of Parmezaanse kaas)

6 De rest van de auberginepIakjes erop leggen, bestrooien met de kaas en de bechamelsaus erover gieten.
In de oven gratineren en heet opdienen.

		Temperatuur (°C)	Inschuif-hoogte	Bereidingstijd (min.)
	⊛	160 - 170	1	55 - 65
	⊟	180 - 190	2	55 - 65
Compact:	⊛	160 - 170	1	65 - 75
	⊟	170 - 180	2	65 - 75

Lasagne

6 Porties:
30 lasagnebladeren,
zonder voorkoken

Vleessaus:
2 wortelen
120 g selderijknol
2 uien
2 teentjes knoflook
200 g ham, gekookt
olijfolie
600 g rundergehakt
250 ml rode wijn
1 l tomatenpuree
2 laurierblaadjes
2 kruidnagels
zout
peper
suiker
1 msp. kaneel
basilicum
salie

Bechamelsaus:
1,5 l melk
100 g bloem
100 g boter
citroensap
zout
peper
nootmuskaat, gem.

5 Mozzarella kaasjes,
in blokjes
80 g Parmezaanse kaas,
in blokjes
50 g boter

1 Wortel, selderij, ui en knoflook schoonmaken, schillen of pellen en samen met de ham fijnhakken.

2 Olie in de pan verwarmen, het gehakt aanbraden, de groente en ham toevoegen, kort meestoven en met rode wijn blussen.

3 De saus tot de helft laten inkoken, met de tomatenpuree over het mengsel gieten. Laurierblad, kruidnagel, peper, zout, suiker en kaneel toevoegen en laten stoven (ca. 45 min.). Aan het eind van de bereidingstijd basilicum en salie toevoegen.

4 Melk even opwarmen. Boter smelten en bloem erdoor roeren, lichtjes bakken (op de bodem van de pan vormt zich een wit vel) en geleidelijk de melk erdoor roeren.

5 De saus onder voortdurend roeren opkoken (ca. 10 min.) en kort voor het einde van de bereidingstijd met citroensap, zout, peper en nootmuskaat op smaak brengen.

6 Wat vlees- en bechamelsaus in een ingevette ovenschaal gieten en vermengen.

7 Hierop een laag lasagnebladen leggen en hierover steeds een laag vlees- en bechamelsaus gieten, de mozzarella en Parmezaanse kaas erop strooien. Deze handeling herhalen tot alle ingrediënten opgebruikt zijn.

8 De laatste lasagnebladen met bechamelsaus bedekken en bestrooien met Parmezaanse kaas. Het gerecht in de oven plaatsen om het te gratineren en heet opdienen.

		Temperatuur (°C)	Inschuif-hoogte	Bereidingstijd (min.)
	⊛	160 - 170	1	45 - 55
	⊟	180 - 190	2	45 - 55
Compact:	⊛	160 - 170	1	50 - 60
	⊟	170 - 180	2	50 - 60

Konijnenbouten

Extra diepe braadslede

10-12 Porties:
10-12 konijnenbouten
(à 220-250 g)

Konijnenbouten met een korstje van mosterd en kruiden:
peper
1 bosje tijm
4 takjes rozemarijn
3 takjes salie
120-150 g Dijonmosterd, scherp

Provençaalse konijnenbouten:
olijfolie
2-3 knoflookteentjes
½ bosje tijm
2 takjes rozemarijn
2 takjes salie
3 laurierblaadjes
8 mosterdzaadjes

1 Konijnenbouten met een korstje van mosterd en kruiden: Konijnenbouten droogdeppen, een beetje peper toevoegen en in een ingevette ovenschaal leggen.

2 Tijm, rozemarijn en salie wassen, droog schudden en de blaadjes van de steeltjes verwijderen, fijnhakken, mosterd toevoegen en goed vermengen.

3 De bouten bestrijken met de mosterd-kruidenpasta en braden in de oven.

1 Provençaalse konijnenbouten: Konijnenbouten droogdeppen en bestrijken met olie.

2 Knoflook pellen en in de lengte halveren. Tijm, rozemarijn en salie wassen, droog schudden, de blaadjes van de steeltjes verwijderen en fijnhakken.

3 De bouten rondom met olie bestrijken en in een schaal met deksel leggen.

4 Kruiden, laurierblaadjes en mosterdzaadjes over de bouten verdelen, schaal afsluiten en laten trekken (ca. 1,5-2 uur).

5 De bouten in een ovenschaal leggen en braden in de oven.

		Temperatuur (°C)	Inschuif-hoogte	Bereidingstijd (min.)
		170 - 180	1	35 - 40
		200 - 210	2	35 - 40
Compact:		170 - 180	1	35 - 45
		200 - 210	2	35 - 45

Paella

pour 10-12 personnes:

1 poulet (env. 1 kg)
1 poivron, rouge
1 poivron, vert
2 grosses tomates charnues
2 - 3 oignons
3 gousses d'ail
6 c.à.s. d'huile d'olive
Sel
Poivre
300 g de petits pois
150 g d'olives, vertes, dénoyautées
750 g de riz rond, espagnol (en alternative riz risotto, italien)
2 doses (à 0,1 g) de safran
2 l de bouillon de boeuf, chaud
300 g d'anneaux de calamar
300 g de moules
500 g de crevettes, crues, non pelées

1 Laver le poulet, le partager en 12 morceaux et l'éponger. Nettoyer les poivrons, enlever l'intérieur et les parois.

2 Epépiner les tomates, enlever le pédoncule, couper les tomates et le poivron en gros morceaux. Peler les oignons et l'ail, les hacher finement.

3 Badigeonner généreusement d'huile le plat à gratin et le chauffer le four.

4 Placer les morceaux de poulet dans la graisse chaude, les saisir (env. 20 minutes) en les retournant de temps en temps.
Assaisonner les morceaux de poulet avec du sel et du poivre. Ajouter les anneaux de calamar, le poivron, les oignons et l'ail, les laisser prendre un court instant.

5 Ajouter le riz, dissoudre le safran dans 1 litre de bouillon de viande et le verser sur le riz. Lorsque le riz a absorbé les ⅔ du liquide (env. 10-15 minutes), ajouter tomates, petits pois, olives et moules.

6 Verser encore 500 ml de bouillon de viande, le riz doit absorber presque totalement le liquide.
Ajouter peu à peu le reste du bouillon de viande, le liquide doit être absorbé totalement par le riz.

7 Juste avant la fin de la cuisson - le riz est encore ferme à coeur, la paella a une consistance légèrement crémeuse - ajouter les crevettes et poursuivre la cuisson (env. 5 minutes).

8 Eteindre le four et laisser reposer la paella (env. 10 - 15 minutes).

		Température (°C)	Niveau d'enfournement	Temps de cuisson (min.)
		180 - 190	1	55 - 65
		200 - 210	2	55 - 65
Compact:		160 - 170	1	60 - 70
		180 - 190	2	60 - 70

Conseil :

Mélangez le riz avec précaution au cours de la cuisson de façon à ce que le riz cuise uniformément.

Moussaka

Plat profond à gratiner

pour 8-10 personnes:
3,0 kg d'aubergines
200 g de sel
125 - 250 ml d'huile d'olive
1 kg de grosses tomates charnues

1 Nettoyer les aubergines, enlever les pédoncules et les couper en tranches de 1 cm d'épaisseur, les saler et laisser reposer (en. 45 min.).

2 Rincer les tranches, les éponger, les faire légèrement frire sur feu vif dans suffisamment d'huile, laisser égoutter.

3 Laver les tomates, enlever le trognon et les couper en rondelles.

Sauce à la viande :
Huile d'olive
200 - 300 g d'oignons, hachés
1,2 kg de viande de boeuf hachée
250 ml de vin blanc, sec
Sel
Poivre
Sucre
2 clous de girofle
2 feuilles de laurier
Origan
Thym
Cannelle
50 g de chapelure

4 Chauffer l'huile dans une poêle, ajouter les oignons et faire revenir. Ajouter la viande hachée, la saisir, jusqu'à ce que le jus de viande se soit évaporé, déglacer avec le vin.
Ajouter du sel, du poivre, du sucre, les clous de girofle, les feuilles de laurier, de l'origan, du thym, de la cannelle et laisser mijoter jusqu'à ce que le liquide soit presque entièrement réduit.
Lier le reste du liquide avec la moitié de la chapelure.

Sauce béchamel :
80 g de beurre
60 g de farine de blé
1,5 l de lait
Jus de citron
Sel
Poivre
Noix de muscade, moulu
4 oeufs

5 Faire fondre le beurre, ajouter la farine et la faire blondir en remuant.
Ajouter le lait d'un coup, porter à ébullition, laisser frémir en remuant sans cesse (env. 10 min.), assaisonner avec du jus de citron, du sel, du poivre et de la muscade, faire épaissir avec les oeufs.
Tapisser le fond d'un plat à gratin beurré et saupoudré de chapelure avec la moitié des tranches d'aubergines.
Couvrir avec la viande hachée, saupoudrer de la moitié du fromage et répartir dessus les rondelles de tomates.

150 g de fromage Kefalo
(en alternative : de la Feta ou du Parmesan)

6 Recouvrir avec le reste des tranches d'aubergines, saupoudrer de fromage et napper de sauce béchamel. Faire gratiner au four et servir chaud.

		Température (°C)	Niveau d'enfournement	Temps de cuisson (min.)
	⊛	160 - 170	1	55 - 65
	⊟	180 - 190	2	55 - 65
Compact:	⊛	160 - 170	1	65 - 75
	⊟	170 - 180	2	65 - 75

Lasagne

pour 6 personnes:
30 feuilles de lasagne, sans pré-cuisson

Sauce à la viande :
2 carottes
120 g de céleri-rave
2 oignons
2 gousses d'ail
200 g de jambon blanc
Huile d'olive
600 g de viande de boeuf hachée
250 ml de vin rouge
1 l de purée de tomate
2 feuilles de laurier
2 clous de girofle
Sel
Poivre
Sucre
1 pte. de cannelle
Basilic
Sauge

Sauce béchamel :
1,5 l de lait
100 g de farine de blé
100 g de beurre
Jus de citron
Sel
Poivre
Noix de muscade, moulu

5 boules de mozzarelle, en dés
80 g de Parmesan, détaillés en cubes
50 g de beurre

1 Nettoyer et éplucher la carotte, le céleri, l'oignon et l'ail et les hacher finement avec le jambon.

2 Faire chauffer huile dans une poêle, saisir la viande hachée, ajouter les légumes et le jambon, laisser étuver brièvement et déglacer avec le vin rouge.

3 Faire réduire la sauce de moitié, y verser la purée de tomates. Ajouter la feuille de laurier, le clou de girofle, le sucre, la cannelle, saler, poivrer et laisser mijoter (env. 45 min.). Vers la fin de la durée de cuisson, ajouter du basilic et de la sauge.

4 Chauffer légèrement le lait. Faire fondre le beurre et y incorporer la farine, laisser légèrement épaissir (une peau blanche se forme au fond de la casserole) et incorporer le lait peu à peu.

5 Porter la sauce à ébullition en remuant sans cesse (env. 10 min.) et juste avant la fin de la durée de cuisson, assaisonner avec du jus de citron et de la noix de muscade, saler, poivrer.

6 Verser un peu de sauce à la viande et de sauce béchamel dans un plat à gratin beurré et mélanger.

7 Recouvrir d'une couche de feuilles de lasagne, verser respectivement une couche de sauce à la viande et une couche de sauce béchamel, parsemer de mozzarelle et de Parmesan. Répéter l'opération jusqu'à épuisement de tous les ingrédients.

8 Recouvrir les dernières feuilles de lasagne de sauce béchamel et parsemer de Parmesan et de quelques noisettes de beurre. Mettre au four à gratiner et servir chaud.

		Température (°C)	Niveau d'enfournement	Temps de cuisson (min.)
		160 - 170	1	45 - 55
		180 - 190	2	45 - 55
Compact:		160 - 170	1	50 - 60
		170 - 180	2	50 - 60

Cuisses de lapin

Plat profond à gratiner

pour 10-12 personnes:
10-12 cuisses de lapin
(de 220-250 g)

Cuisses de lapin à la moutarde et aux herbes:
Poivre
1 bouquet de thym
4 brins de romarin
3 brins de sauge
120-150 g de moutarde
de Dijon, forte

Cuisses de lapin à la provençale:
Huile d'olive
2-3 gousses d'ail
½ bouquet de thym
2 branches de romarin
2 brins de sauge
3 feuilles de laurier
8 graines de moutarde

1 Cuisses de lapin à la moutarde et aux herbes: Laver les cuisses de lapin, les éponger, légèrement poivrer et les placer dans un plat à gratin beurré.

2 Laver le thym, le romarin et la sauge, les secouer pour les égoutter et enlever les feuilles des tiges, hacher finement, ajouter la moutarde et bien mélanger.

3 Enduire les cuisses de la pâte de moutarde-herbes et faire cuire au four.

1 Cuisses de lapin à la provençale: Laver les cuisses de lapin, les éponger et les badigeonner d'huile.

2 Eplucher les gousses d'ail et les couper en deux dans le sens de la longueur. Laver le thym, le romarin et la sauge, les secouer pour les égoutter, enlever les feuilles des tiges et les hacher finement.

3 Badigeonner les cuisses sur toutes les faces d'huile et les placer dans une terrine avec couvercle. Répartir les herbes, les feuilles de laurier et les graines de moutarde entre les cuisses, couvrir la terrine et laisser mariner (env. 1,5-2 h).

4 Placer les cuisses dans un plat à gratin et faire cuire au four.

	Température (°C)	Niveau d'enfournement	Temps de cuisson (min.)
	170 - 180	1	35 - 40
	200 - 210	2	35 - 40
Compact:	170 - 180	1	35 - 45
	200 - 210	2	35 - 45

Paella

10-12 porzioni:

1 pollo arrosto (ca. 1 kg)
1 peperone, rosso
1 peperone, verde
2 pomodori cuore di bue
2 - 3 cipolle
3 spicchi d'aglio
6 cucchiai di olio d'oliva
Sale
Pepe
300 g di piselli
150 g di olive, verdi e denocciolate
750 g di riso a grani tondi, spagnolo (oppure riso per risotti, italiano)
2 bustine (da 0,1 g) di zafferano
2 l di brodo di carne, caldo
300 g di anelli di seppie
300 g di molluschi
500 g gamberi, crudi, non sgusciati

1 Lavare il pollo, dividerlo in 12 pezzi e tamponarlo. Pulire i peperoni, rimuovere il picciolo interno e i semi.

2 Togliere i semi e le estremità ai pomodori, tagliare grossolanamente a dadini i pomodori e i peperoni. Perlare le cipolle e l'aglio e tritarli finemente.

3 Spennellare generosamente la teglia per sformato con olio riscaldarla nel forno.

4 Mettere i pezzi di pollo nell'olio caldo, far rosolare (circa 20 min.), girare di tanto in tanto. Condire il pollo con sale e pepe. Aggiungere gli anelli di seppie, i peperoni, le cipolle e l'aglio e lasciare insaporire brevemente.

5 Aggiungere il riso, sciogliere lo zafferano in 1 l di brodo di carne e versarvi il riso. Quando il riso ha assorbito circa i ⅔ del liquido (circa 10-15 min.), aggiungere i pomodori, i piselli, le olive e i molluschi.

6 Versare ancora 500 ml di brodo di carne; il riso deve assorbire il liquido quasi completamente. Aggiungere di tanto in tanto il brodo di carne rimanente; il liquido deve essere assorbito completamente dal riso.

7 Poco prima della fine della cottura - il riso al centro è ancora duro, la paella ha una consistenza leggermente cremosa - aggiungere i gamberi e continuare la cottura (circa 5 min.).

8 Spegnere il forno e lasciar riposare la paella (circa 10 - 15 min.).

		Temperatura (°C)	Livello di inserimento	Tempo di cottura(min.)
	ventilato	180 - 190	1	55 - 65
	statico	200 - 210	2	55 - 65
Compact:	ventilato	160 - 170	1	60 - 70
	statico	180 - 190	2	60 - 70

Consiglio:
durante la cottura mescolare spesso il riso per permettere una cottura uniforme.

Moussaka

8-10 porzioni:
3,0 g di melanzane
200 g di sale
125 - 250 ml di olio di oliva
1 kg di pomodori cuore di bue

1 Lavare le melanzane, rimuovere le estremità e tagliarle in fettine spesse 1 cm nel senso della lunghezza, salare e lasciarle riposare (ca. 45 min.)

2 Sciacquare le fettine di melanzana, asciugarle con carta da cucina, dorarle leggermente in olio abbondante a fuoco alto e farle sgocciolare.

3 Lavare i pomodori, rimuovere il picciolo e affettarli.

Ragù:
Olio d'oliva
200 - 300 g di cipolle tritate
1,2 kg di carne di manzo tritata
250 ml di vino bianco secco
Sale
Pepe
Zucchero
2 chiodi di garofano
2 foglie di alloro
Origano
Timo
Cannella
50 g di pangrattato

4 Scaldare l'olio in una padella e fare stufare le cipolle. Aggiungere la carne tritata, rosolare e fare ridurre, irrorare con vino. Aggiungere, il sale, il pepe, lo zucchero, i chiodi di garofano, le foglie di alloro, l'origano, il timo e la cannella e fare stufare a fuoco lento facendo ridurre bene.
Amalgamare il liquido residuo con metà pangrattato.

Besciamella:
80 g di burro
60 g di farina di frumento
1,5 l di latte
Succo di limone
Sale
Pepe
Noce moscata in polvere
4 uova

5 Fare sciogliere il burro, aggiungere la farina e mescolare fino a ottenere un composto giallognolo.
Aggiungere tutto il latte, portare a ebollizione e proseguire la cottura mescolando (ca. 10 min.), insaporire con il succo di limone, il sale, il pepe e la noce moscata, amalgamare con le uova.
Disporre metà melanzane in una teglia cosparsa d'olio e di una spolverata di pangrattato. Versare la carne tritata, cospargere con metà formaggio e coprire con le fettine di pomodoro.

150 g di formaggio "Kefalo" grattugiato (in alternativa: feta o parmigiano)

6 Fare un altro strato con le melanzane rimanenti, aggiungere il formaggio e coprire con la besciamella. Gratinare al forno e servire caldo.

		Temperatura (°C)	Livello di inserimento	Tempo di cottura(min.)
		160 - 170	1	55 - 65
		180 - 190	2	55 - 65
Compact:		160 - 170	1	65 - 75
		170 - 180	2	65 - 75

Lasagne

6 porzioni:
30 sfoglie di lasagne
non precotte

Ragù:
2 carote
120 g di gambi di sedano
2 cipolle
2 spicchi d'aglio
200 g di prosciutto cotto
Olio d'oliva
600 g di carne di manzo tritata
250 ml di vino rosso
1 l di passata di pomodoro
2 foglie di alloro
2 chiodi di garofano
Sale
Pepe
Zucchero
1 pizzico di cannella
Basilico
Salvia

Besciamella:
1,5 l di latte
100 g di farina di frumento
100 g di burro
Succo di limone
Sale
Pepe
Noce moscata in polvere

5 mozzarelle tagliate a dadini
80 g di parmigiano a dadini
50 g di burro

1 Lavare le carote, il sedano, le cipolla e l'aglio, sbucciarli e tritarli finemente assieme al prosciutto.

2 Scaldare l'olio in una padella, rosolare la carne tritata, aggiungere le verdure e il prosciutto, stufare brevemente e irrigare con vino rosso.

3 Fare stringere il sugo fino a ridurre la quantità di circa la metà, quindi aggiungere la passata di pomodoro. Insaporire con foglie di alloro, chiodi di garofano, pepe, sale, zucchero e cannella e cuocere a fuoco lento (ca. 45 min.). Terminata la cottura, aggiungere il basilico e la salvia.

4 Scaldare leggermente il latte.
Fare sciogliere il burro e unire la farina mescolando, dorare leggermente (sul fondo della pentola deve formarsi una sorta di pellicola bianca) e aggiungere il latte continuando a mescolare.

5 Portare a ebollizione continuando a mescolare (ca. 10 min.) e, poco prima di spegnere il fuoco, aggiungere succo di limone, sale, pepe e noce moscata.

6 Versare un po' di ragù e di besciamella in una teglia precedentemente unta e mescolare.

7 Quindi, disporre uno strato di sfoglie di lasagna e ricoprire con ragù, besciamella, mozzarella e parmigiano. Ripetere l'operazione fino all'esaurimento degli ingredienti.

8 Ricoprire l'ultimo strato di lasagne con la besciamella e cospargere di parmigiano e fiocchi di burro. Infornare e gratinare; servirle calde.

		Temperatura (°C)	Livello di inserimento	Tempo di cottura(min.)
	⊠	160 - 170	1	45 - 55
	⊟	180 - 190	2	45 - 55
Compact:	⊠	160 - 170	1	50 - 60
	⊟	170 - 180	2	50 - 60

Cosciotti di coniglio

10-12 porzioni:
10-12 cosciotti di coniglio
(da 220-250 g)

Cosciotti di coniglio con crosta di erbe aromatiche e senape:
Pepe
1 mazzo di timo
4 rametti di rosmarino
3 rametti di salvia
120-150 g di senape di
Digione piccante

Cosciotti di coniglio alla provenzale:
Olio d'oliva
2-3 spicchi di aglio
½ mazzo di timo
2 rametti di rosmarino
2 rametti di salvia
3 foglie di alloro
8 semi di senape

1 Cosciotti di coniglio con crosta di erbe aromatiche e senape: Sciacquare i cosciotti di coniglio, tamponarli con la carta da cucina, peparli leggermente e disporli in una teglia precedentemente unta.

2 Lavare il timo, il rosmarino e la salvia, sgocciolarli scuotendoli e rimuovere le foglie dagli steli, tritarle finemente, quindi aggiungere la senape e mescolare bene.

3 Spennellare i cosciotti con la senape e le erbe aromatiche e arrostirli al forno.

1 Cosciotti di coniglio alla provenzale: Sciacquare i cosciotti di coniglio, tamponarli con carta da cucina e cospargerli di olio. Sbucciare l'aglio e tagliarlo a metà longitudinalmente.

2 Lavare il timo, il rosmarino e la salvia, sgocciolarli scuotendoli, rimuovere le foglie dagli steli e tritarle finemente.

3 Cospargere i cosciotti d'olio e metterli in una ciotola con il coperchio.

4 Distribuire tra i cosciotti le erbe aromatiche e i semi di senape, chiudere la ciotola e lasciare riposare (ca. 1,5-2 ore).

5 Disporre i cosciotti in una teglia e infornare.

		Temperatura (°C)	Livello di inserimento	Tempo di cottura(min.)
		170 - 180	1	35 - 40
		200 - 210	2	35 - 40
Compact:		170 - 180	1	35 - 45
		200 - 210	2	35 - 45

Paella

para 10-12 personas:

1 pollo (aprox. 1 kg)
1 pimiento rojo
1 pimiento verde
2 tomates de ensalada
2 - 3 cebollas
3 dientes de ajo
6 cucharadas de aceite de oliva
Sal
Pimienta
300 g de guisantes
150 g de aceitunas verdes sin hueso
750 g de arroz de grano redondo, español (alternativa: arroz de risotto italiano)
2 sobres (de 0,1 g) de azafrán
2 l de caldo de carne caliente
300 g de aros de calamar
300 g de mejillones sin cáscara
500 g de gambas crudas sin pelar

1 Lavar el pollo, dividirlo en 12 trozos y secarlo con un trapo. Limpiar los pimientos y quitarles las semillas y las paredes interiores.

2 Quitar las semillas y los tallos a los tomates. Cortar los tomates y los pimientos en dados grandes. Pelar las cebollas y los ajos, y picarlos finamente.

3 Untar la bandeja de gratinar generosamente con aceite con la ayuda de un pincel y precalentarla en el horno.

4 Introducir las piezas de pollo en el aceite caliente y sofreírlas (aprox. 20 min) dándoles la vuelta de vez en cuando. Salpimentar las piezas de pollo. Añadir los aros de calamares, el pimiento, la cebolla y el ajo, y rehogarlos un poco.

5 Añadir el arroz, disolver el azafrán en 1 l de caldo de carne y verterlo sobre el arroz. Cuando el arroz haya absorbido ⅔ partes del líquido (aprox. 10-15 min), añadir el tomate, los guisantes, las aceitunas y los mejillones.

6 Verter 500 ml más de caldo de carne, el arroz debe absorber el líquido casi por completo. Ir añadiendo el resto del caldo de carne, el arroz debe absorber el líquido por completo.

7 Poco antes de finalizar el tiempo de cocción, cuando el arroz todavía está un poco crudo por el centro y la paella presente una consistencia ligeramente cremosa, añadir las gambas y seguir con la cocción (aprox. 5 min).

8 Apagar el horno y deja reposar la paella (aprox. 10 - 15 min).

		Temperatura (°C)	Altura de inserción	Tiempo de cocción (min.)
	⊛	180 - 190	1	55 - 65
	⊟	200 - 210	2	55 - 65
Compact:	⊛	160 - 170	1	60 - 70
	⊟	180 - 190	2	60 - 70

Sugerencia:

Remover el arroz con cuidado durante la cocción para que se cueza de forma uniforme.

Moussaka

Bandeja esmaltada profesional

para 8-10 personas:
3,0 kg de berenjenas
200 g de sal
125 - 250 ml de aceite de oliva
1 kg de tomates de ensalada

Salsa de carne:
Aceite de oliva
200 - 300 g de cebolla picada
1,2 kg de carne de vacuno picada
250 ml de vino blanco seco
Sal
Pimienta
Azúcar
2 clavos
2 hojas de laurel
Orégano
Tomillo
Canela
50 g de pan rallado

Salsa bechamel:
80 g de mantequilla
60 g de harina de trigo
1,5 l de leche
Zumo de limón
Sal
Pimienta
Nuez moscada molida
4 huevos

1 Lavar las berenjenas, quitarles los tallos y cortarlas en rodajas longitudinales de 1 cm, salarlas y dejarlas reposar (aprox. 45 min).

2 Enjuagar y secar las rodajas, asarlas ligeramente en abundante aceite a fuego fuerte y dejarlas escurrir.

3 Lavar los tomates, quitarles el troncho y cortarlos en rodajas.

4 Calentar aceite en una sartén, añadir las cebollas y rehogarlas.
Freír la carne picada hasta que se evapore el jugo y verter el vino.
Añadir sal, pimienta, azúcar, clavo, laurel, orégano, tomillo y canela, y guisar a fuego lento hasta que el líquido se haya reducido casi por completo.
Espesar el líquido que quede con la mitad del pan rallado.

5 Calentar la mantequilla, mezclar la harina y sofreírla ligeramente sin dejar de remover.
Añadir toda la leche y, cuando rompa a hervir, dejarla cocer a fuego lento sin dejar de remover (aprox. 10 min). Condimentar con el zumo de limón, sal, pimienta y nuez moscada, y espesar con los huevos.
Rellenar un molde untado con mantequilla y espolvoreado con pan rallado con la mitad de las rodajas de berenjena.
Repartir por encima la carne picada, espolvorear la mitad del queso y cubrir con las rodajas de tomate.

150 g de queso kefalo rallado (alternativas: queso feta o parmesano)

6 Añadir el resto de las rodajas de berenjena, espolvorear el queso y regar con la salsa bechamel. Gratinar en el horno y servir caliente.

		Temperatura (°C)	Altura de inserción	Tiempo de cocción (min.)
	ventilador	160 - 170	1	55 - 65
	convencional	180 - 190	2	55 - 65
Compact:	ventilador	160 - 170	1	65 - 75
	convencional	170 - 180	2	65 - 75

Lasaña

6 personas:
30 láminas de lasaña, sin precocción

Salsa de carne:
2 zanahorias
120 g de bulbo de apio
2 cebollas
2 dientes de ajo
200 g de jamón cocido
Aceite de oliva
600 g de carne picada de vacuno
250 ml de vino tinto
1 l de puré de tomate
2 hojas de laurel
2 clavos
Sal
Pimienta
Azúcar
1 pizca de canela
Albahaca
Salvia

Salsa bechamel:
1,5 l de leche
100 g de harina de trigo
100 g de mantequilla
Zumo de limón
Sal
Pimienta
Nuez moscada molida

5 bolas de mozzarella cortada a dados
80 g de parmesano, cortado a dados
50 g de mantequilla

1 Lavar y pelar la zanahoria, el apio, la cebolla y el ajo. Picar todo finamente junto con el jamón.

2 Calentar aceite en la sartén, freír la carne picada, añadir las verduras y el jamón, rehogarlo todo brevemente y verter el vino tinto. Dejar hasta que la salsa se reduzca a la mitad y añadir el puré de tomate.

3 Añadir la hoja de laurel, clavo, pimienta, sal, azúcar y canela, y guisar a fuego lento (aprox. 45 min). Hacia el final de la cocción, añadir albahaca y salvia.

4 Calentar suavemente la leche. Calentar la mantequilla y mezclar la harina, cocerla ligeramente (en la base del recipiente se forma una película blanca) y verter poco a poco la leche.

5 Llevar a ebullición la salsa sin dejar de remover (aprox. 10 min) y, un poco antes de finalizar el tiempo de cocción, condimentar con zumo de limón, sal, pimienta y nuez moscada.

6 Verter un poco de la salsa de carne y de bechamel en un molde untado con mantequilla y distribuir uniformemente.

7 Cubrir con una capa de láminas de lasaña, añadir por encima una capa de salsa de carne y bechamel, y espolvorear por encima mozzarella y parmesano. Repetir el proceso hasta terminar los ingredientes.

8 Cubrir las últimas láminas de lasaña con salsa bechamel y espolvorear queso parmesano y trocitos de mantequilla. Gratinar en el horno y servir caliente.

		Temperatura (°C)	Altura de inserción	Tiempo de cocción (min.)
		160 - 170	1	45 - 55
		180 - 190	2	45 - 55
Compact:		160 - 170	1	50 - 60
		170 - 180	2	50 - 60

Muslitos de conejo

para 10-12 personas:
10-12 muslitos de conejo
(de 220-250 g cada uno)

Muslitos de conejo con mostaza a las finas hierbas:
Pimientas
1 ramillete de tomillo
4 ramitas de romero
3 ramitas de salvia
120-150 g de mostaza picante de Dijon

Muslitos de conejo a la provenzana:
Aceite de oliva
2-3 dientes de ajo
½ ramillete de tomillo
2 ramitas de romero
2 ramitas de salvia
3 hojas de laurel
8 granos de mostaza

1 Muslitos de conejo con mostaza a las finas hierbas: Lavar los muslitos de conejo, secarlos, pimentarlos ligeramente y colocarlos en un molde untado con mantequilla.

2 Lavar el tomillo, el romero y la salvia, sacudirlos para secarlos, separarles las hojas de los tallos y picar las hojas finamente. Añadir la mostaza y mezclar bien.

3 Untar los muslitos con la pasta de mostaza con hierbas aromáticas y asarlos en el horno.

1 Muslitos de conejo a la provenzana: Lavar los muslitos de conejo, secarlos y untarlos con aceite.

2 Pelar los ajos y cortarlos longitudinalmente por la mitad.

3 Lavar el tomillo, el romero y la salvia, sacudirlos para secarlos, separarles las hojas de los tallos y picar las hojas finamente. Untar los muslitos con aceite y colocarlos en un recipiente con tapa. Distribuir las hierbas aromáticas, las hojas de laurel y los granos de mostaza entre los muslitos, tapar el recipiente y dejar reposar los muslitos (aprox. 1,5-2 h).

4 Colocar los muslitos en un molde de gratinar y asarlos en el horno.

		Temperatura (°C)	Altura de inserción	Tiempo de cocción (min.)
		170 - 180	1	35 - 40
		200 - 210	2	35 - 40
Compact:		170 - 180	1	35 - 45
		200 - 210	2	35 - 45

Паэлья

10-12 порций:

1 бройлерный цыпленок (ок. 1 кг)
1 красный стручок сладкого перца
1 зеленый стручок сладкого перца
2 мясистых помидора
2-3 луковицы
3 зубчика чеснока
6 ст.л. оливкового масла
соль
черный перец
300 г зеленого горошка
150 г зеленых оливок без косточек
750 г круглозерного риса (испанский) (можно использовать итальянский рис для ризотто)
2 коробочки шафрана (по 0,1 г)
2 л горячего мясного бульона
300 г колец кальмара
300 г мяса моллюсков
500 г неочищенных сырых креветок

1 Цыпленка обмыть, разделить на 12 частей и обсушить бумажным полотенцем. Сладкий перец помыть, почистить, удалить зернышки и перемычки и порезать крупными кубиками.

2 Помидоры помыть, удалить зернышки и плодоножку и также порезать крупными кубиками. Лук и чеснок почистить и мелко порубить.

3 Щедро смазать противень для запеканки растительным маслом и поставить в духовой шкаф для разогревания.

4 Положить куски цыпленка в горячий жир и обжаривать в течение прим. 20 минут, время от времени переворачивая. Посолить и поперчить цыпленка. Добавить кольца кальмара, сладкий перец, лук и чеснок и немного потушить.

5 Добавить рис. Развести шафран в 1 л мясного бульона и вылить на рис. Когда рис вберет в себя до ⅔ объема жидкости (прим. 10-15 минут), добавить помидоры, горошек, оливки и мясо моллюсков.

6 Влить еще 500 мл мясного бульона. Рис должно впирать почти всю жидкость. Постепенно влить оставшийся бульон. Рис должен впитать всю жидкость.

7 Незадолго до конца времени приготовления – рис еще твердый в середине и паэлья имеет слегка кремообразную консистенцию - добавить креветки и довести до готовности (прим. 5 минут).

8 Выключить духовой шкаф, оставив в нем паэлью (прим. на 10-15 минут).

	Температура (°C)	Уровень установки	Время приготовления (мин)
Конвекция	180 - 190	1	55 - 65
Верхний/нижний нагрев	200 - 210	2	55 - 65

Compact:

	Температура (°C)	Уровень установки	Время приготовления (мин)
Конвекция	160 - 170	1	60 - 70
Верхний/нижний нагрев	180 - 190	2	60 - 70

Рекомендация:

В процессе приготовления периодически осторожно перемешивайте рис, чтобы он равномерно протушился.

Мусака

Глубокий эмалированный противень

8-10 порций:
3,0 кг баклажанов
200 г соли
125-250 мл оливкового масла
1 кг мясистых помидоров

Для мясного соуса:
оливковое масло
200-300 г лука (порубить)
1,2 кг говяжьего фарша
250 мл белого сухого вина
соль
черный перец
сахар
2 цветка гвоздики
2 лавровых листа
орегано
тимьян
корица
50 г панировочных сухарей

Для соуса «бешамель»:
80 г сливочного масла
60 г пшеничной муки
1,5 л молока
лимонный сок
соль
черный перец
молотый мускатный орех
4 яйца

1 Баклажаны почистить, удалить плодоножки, порезать в длину ломтиками толщиной 1 см, посолить и дать постоять (прим. 45 мин).

2 Ломтики баклажанов ополоснуть водой, обсушить бумажным полотенцем, обжарить на сильном огне в большом количестве растительного масла и дать стечь.

3 Помидоры помыть, удалить стебли и порезать кружочками.

4 Разогреть растительное масло в сковороде и припустить лук.
Добавить фарш, обжарить, пока мясной сок не испарится, и влить вино.
Добавить соль, черный перец, сахар, гвоздику, лавровый лист, орегано, тимьян, корицу и тушить, пока практически вся жидкость не выкипит.
Загустить оставшуюся жидкость половиной панировочных сухарей.

5 Растопить сливочное масло, добавить муку и обжарить до светло-желтого цвета, постоянно помешивая.
Влить разом молоко, довести до кипения и дать покипеть, постоянно помешивая (прим. 10 мин), приправить лимонным соком, солью, черным перцем и мускатным орехом и ввести яйца.
Выложить половину ломтиков баклажанов в смазанную жиром и посыпанную панировочными сухарями форму для запекания.
Выложить фарш, посыпать половиной сыра и накрыть кружочками помидоров.

150 г тертого сыра кефало (в качестве замены можно использовать фету или пармезан)

6 Выложить оставшиеся ломтики баклажанов, посыпать сыром, залить соусом «бешамель». Запекать в духовом шкафу. Подавать горячей.

		Темпера-тура (°C)	Уровень уста-новки	Время приготовления (мин)
		160 - 170	1	55 - 65
		180 - 190	2	55 - 65
Compact:		160 - 170	1	65 - 75
		170 - 180	2	65 - 75

Лазанья

Глубокий эмалированный противень

6 порций:
30 пластин теста для лазаньи (не отваривать),

Для мясного соуса:
2 моркови
120 г корня сельдерея,
2 луковицы
2 зубчика чеснока
200 г вареной ветчины
оливковое масло
600 г говяжьего фарша
250 мл красного вина
1 л томатной пасты
2 лавровых листа
2 цветка гвоздики
соль
черный перец
сахар
1 щепотка корицы
базилик
шалфей

Для соуса «бешамель»:
1,5 л молока
100 г пшеничной муки
100 г сливочного масла
лимонный сок
соль
черный перец
тертый мускатный орех

5 шариков сыра моцарелла (порезать кубиками)
80 г сыра пармезан (порезать кубиками)
50 г сливочного масла

1 Морковь, сельдерей, лук и чеснок почистить и мелко порубить. Ветчину мелко порезать и смешать с овощами.

2 Разогреть растительное масло в сковороде и обжарить фарш. Добавить овощи с ветчиной, красное вино и немного потушить.

3 Уварить соус до половины объема и влить томатную пасту. Добавить лавровый лист, гвоздику, черный перец, соль, сахар и корицу и снова потушить (прим. 45 мин). Ближе к концу основного времени добавить базилик и шалфей.

4 Подогреть молоко.
Сливочное масло растопить, добавить муку и слегка обжарить (на дне кастрюле образуется белая пленка). Постепенно влить молоко.

5 Довести соус до кипения, постоянно помешивая (прим. 10 мин). Незадолго до конца основного времени приправить лимонным соком, солью, черным перцем и мускатным орехом.

6 Вылить небольшое количество мясного соуса и соуса «бешамель» в смазанную жиром форму для запекания и перемешать.

7 Положить сверху слой теста для лазаньи, залить мясным соусом и соусом «бешамель» и посыпать моцареллой и пармезаном. Повторять до тех пор, пока все компоненты не будут израсходованы.

8 Залить последний слой теста для лазаньи соусом «бешамель», посыпать пармезаном и хлопьями сливочного масла. Запекать в духовом шкафу. Подавать горячей.

		Температура (°C)	Уровень установки	Время приготовления (мин)
		160 - 170	1	45 - 55
		180 - 190	2	45 - 55
Compact:		160 - 170	1	50 - 60
		170 - 180	2	50 - 60

Кроличьи окорочка

Глубокий эмалированный противень

10-12 порций:
10-12 кроличьих окорочков (по 220-250 г)

Кроличьи окорочка с горчично-травяной корочкой:
черный перец
1 пучок тимьяна
4 веточки розмарина
3 веточки шалфея
120-150 г острой дижонской горчицы

Кроличьи окорочка по-провансальски:
оливковое масло
2-3 зубчика чеснока
½ пучка тимьяна
2 веточки розмарина
2 веточки шалфея
3 лавровых листа
8 зернышек горчицы

1 Кроличьи окорочка с горчично-травяной корочкой: Кроличьи окорочка обмыть, обсушить бумажным полотенцем, немного поперчить и выложить в смазанную жиром форму для запекания.

2 Тимьян, розмарин и шалфей помыть, отряхнуть от воды, оборвать листики со стеблей, мелко порубить, добавить горчицу и хорошо перемешать.

3 Обмазать окорочка горчично-травяной пастой и жарить в духовом шкафу.

1 Кроличьи окорочка по-провансальски: Кроличьи окорочка обмыть, обсушить бумажным полотенцем и смазать растительным маслом.

2 Чеснок почистить и порезать пополам в длину. Тимьян, розмарин и шалфей помыть, отряхнуть от воды, оборвать листики со стеблей и мелко порубить.

3 Смазать кроличьи окорочка со всех сторон маслом и выложить в миску с крышкой.

4 Распределить травы, лавровый лист и зернышки горчицы между окорочками, накрыть крышкой и дать постоять (прим. 1,5-2 ч).

5 Выложить кроличьи окорочка в форму для запекания и жарить в духовом шкафу.

		Температура (°C)	Уровень установки	Время приготовления (мин)
		170 - 180	1	35 - 40
		200 - 210	2	35 - 40
Compact:		170 - 180	1	35 - 45
		200 - 210	2	35 - 45

Paella

για 10-12 μερίδες:

1 ψητό κοτόπουλο (περίπου 1 κιλό)
1 πιπεριά, κόκκινη
1 πιπεριά, πράσινη
2 ντομάτες
2 - 3 κρεμμύδια
3 σκελίδες σκόρδου
6 κουταλιές ελαιόλαδο
αλάτι
πιπέρι
300 γρ. αρακάς
150 γρ. ελιές, πράσινες, χωρίς κουκούτσια
750 γρ. ρύζι για πιλάφι, ισπανικό (εναλλακτικά ριζότο, ιταλικό)
2 δόσεις (από 0,1 γρ.) κρόκο
2 λίτρα ζωμός κρέατος, ζεστός
300 γρ. καλαμάρια, ροδέλες
300 γρ. κρέας των μυδιών
500 γρ. γαρίδες, ωμές, ακαθάριστες

1 Πλύντε το κοτόπουλο, κόψτε το σε 12 κομμάτια και στεγνώστε τα με χαρτί κουζίνας. Καθαρίστε τις πιπεριές, αφαιρέστε τους σπόρους και τις πέτσες.

2 Αφαιρέστε τους σπόρους από τις ντομάτες, αφαιρέστε το μέρος γύρω από το κοτσάνι, κόψτε τις ντομάτες και τις πιπεριές σε μεγάλα κομμάτια. Καθαρίστε τα κρεμμύδια και το σκόρδο και ψιλοκόψτε τα.

3 Αλείψτε τη φόρμα σουφλέ με αρκετό λάδι και θερμάντε την στο φούρνο.

4 Βάλτε τα κομμάτια του κοτόπουλου στο καυτό λίπος, ψήστε τα αρχικά (περίπου 20 λεπτά), γυρίζοντάς τα κάπου-κάπου. Καρυκεύστε με αλάτι και πιπέρι τα κομμάτια του κοτόπουλου. Προσθέστε τα καλαμάρια, ροδέλες, τις πιπεριές, τα κρεμμύδια και το σκόρδο και αφήστε τα να σοταριστούν για λίγο.

5 Προσθέστε το ρύζι, διαλύστε τον κρόκο σε 1 λίτρο ζωμό κρέατος και προσθέστε τον στο ρύζι. Όταν το ρύζι αναρροφήσει κατά τα ⅔ το υγρό (περίπου 10-15 λεπτά), προσθέστε τις ντομάτες, τον αρακά, τις ελιές και το κρέας των μυδιών.

6 Προσθέστε ακόμα μια φορά 500 ml ζωμό κρέατος, το ρύζι πρέπει να απορροφήσει το υγρό σχεδόν εντελώς. Προσθέστε σιγά-σιγά τον υπόλοιπο ζωμό κρέατος, το υγρό πρέπει να απορροφηθεί εντελώς από το ρύζι.

7 Λίγο πριν το τέλος του χρόνου μαγειρέματος – το ρύζι είναι στη μέση ακόμα λίγο σκληρό, η Paella έχει μια ελαφρά απαλή σύσταση – προσθέστε τις γαρίδες και συνεχίστε το μαγείρεμα (περίπου 5 λεπτά).

8 Απενεργοποιήστε το φούρνο και αφήστε την Paella να ηρεμήσει (περίπου 10 - 15 λεπτά).

	Θερμοκρασία (°C)	Ύψος τοποθέτησης	Διάρκεια μαγειρέματος (λεπτά)
	180 - 190	1	55 - 65
	200 - 210	2	55 - 65
Compact:	160 - 170	1	60 - 70
	180 - 190	2	60 - 70

Συμβουλή:

Ανακατεύετε προσεκτικά το ρύζι κατά τη διάρκεια του μαγειρέματος κάπου-κάπου, για να μαγειρευτεί το ρύζι ομοιόμορφα.

Μουσακάς

Ταψί σουφλέ

για 8-10 μερίδες:
3,0 κιλά μελιτζάνες
200 γρ. αλάτι
125 - 250 ml ελαιόλαδο
1 κιλό ντομάτες

Σάλτσα κρέατος:
ελαιόλαδο
200 - 300 γρ. κρεμμύδια, ψιλοκομμένα
1,2 κιλά βοδινός κιμάς
250 ml άσπρο κρασί, ξηρό
αλάτι
πιπέρι
ζάχαρη
2 πρόκες γαρίφαλα
2 φύλλα δάφνης
ρίγανη
θυμάρι
κανέλα
50 γρ. τριμμένη φρυγανιά

Σάλτσα μπεσαμέλ:
80 γρ. βούτυρο
60 γρ. σιτάλευρο
1,5 λίτρα γάλα
χυμός λεμονιού
αλάτι
πιπέρι
μοσχοκάρυδο, αλεσμένο
4 αυγά

1 Καθαρίστε τις μελιτζάνες, αφαιρέστε το μέρος γύρω από τα κοτσάνια και κόψτε τις κατά μήκος σε φέτες με 1 cm πάχος, αλατίστε τις και αφήστε τις στην άκρη (περίπου 45 λεπτά).

2 Πλύντε τις φέτες, στεγνώστε τις με χαρτί κουζίνας, σοτάρετέ τις ελαφρά σε αρκετό λάδι σε μεγάλη θερμότητα και αφήστε τις να στραγγίξουν.

3 Πλύντε τις ντομάτες, αφαιρέστε το κοτσάνια και κόψτε τις σε φέτες.

4 Ζεστάνετε λάδι σ' ένα τηγάνι, προσθέστε τα κρεμμύδια και σοτάρετέ τα. Προσθέστε τον κιμά, σοτάρετέ τον, μέχρι να εξατμιστεί ο ζωμός του κρέατος, σβήστε τον με κρασί. Προσθέστε αλάτι, πιπέρι, ζάχαρη, πρόκες γαρίφαλα, φύλλα δάφνης, ρίγανη, θυμάρι, κανέλα και μαγειρέψτε σε κλειστό σκεύος, μέχρι να μειωθεί πάρα πολύ το υγρό. Δέστε το υπόλοιπο υγρό με τη μισή τριμμένη φρυγανιά.

5 Λιώστε το βούτυρο, προσθέστε το αλεύρι και καβουρδίστε τα ελαφρά, ανακατεύοντάς τα διαρκώς. Προσθέστε με μιας το γάλα, αναβράστε το και ανακατεύοντάς το συνεχώς αφήστε το να βράσει (περίπου 10 λεπτά), καρυκεύστε με χυμό λεμονιού, αλάτι, πιπέρι και μοσχοκάρυδο, σφίξτε τη σάλτσα με τα αυγά.
Καλύψτε τη βουτυρωμένη και με τριμμένη φρυγανιά πασπαλισμένη φόρμα σουφλέ με τις μισές φέτες των μελιτζάνων.
Μοιράστε από πάνω τον κιμά, πασπαλίστε το μισό τυρί και στρώστε τις φέτες των ντοματών.

150 γρ. κεφαλοτύρι, τριμμένο (διαφορετικά: τυρί φέτα ή παρμεζάνα)

6 Στρώστε τις υπόλοιπες φέτες των μελιτζάνων, πασπαλίστε με τυρί και περιχύστε το φαγητό με τη σάλτσα μπεσαμέλ. Ψήστε το φαγητό ογκρατέν στο φούρνο και σερβίρετέ το ζεστό.

		Θερμοκρασία (°C)	Ύψος τοποθέτησης	Διάρκεια μαγειρέματος (λεπτά)
		160 - 170	1	55 - 65
		180 - 190	2	55 - 65
Compact:		160 - 170	1	65 - 75
		170 - 180	2	65 - 75

Λαζάνια

6 μερίδες:

30 φύλλα λαζάνια, χωρίς προβράσιμο

Σάλτσα κρέατος:
2 καρότα
120 γρ. κεφάλι σέλινο
2 κρεμμύδια
2 σκελίδες σκόρδου
200 γρ. ζαμπόν, βραστό
ελαιόλαδο
600 γρ. βοδινός κιμάς
250 ml κόκκινο κρασί
1 λίτρο πουρέ ντομάτας
2 φύλλα δάφνης
2 πρόκες γαρίφαλα
αλάτι
πιπέρι
ζάχαρη
1 πρέζα κανέλα
βασιλικός
φασκόμηλο

Σάλτσα μπεσαμέλ:
1,5 λίτρα γάλα
100 γρ. σιτάλευρο
100 γρ. βούτυρο
χυμός λεμονιού
αλάτι
πιπέρι
μοσχοκάρυδο, αλεσμένο

5 μπάλες μοτσαρέλα, κομμένη σε μικρά κομμάτια
80 γρ. παρμεζάνα, κομμένη σε μικρά κομμάτια
50 γρ. βούτυρο

1 Καθαρίστε το καρότο, το σέλινο, το κρεμμύδι και το σκόρδο, αφαιρέστε τη φλούδα και ψιλοκόψτε τα μαζί με το ζαμπόν.

2 Ζεστάνετε το λάδι στο τηγάνι, σοτάρετε τον κιμά, προσθέστε τα λαχανικά και το ζαμπόν, τσιγαρίστε τα μαζί για λίγο και σβήστε τα με κόκκινο κρασί.

3 Αφήστε να μειωθεί η σάλτσα κατά το μισό, προσθέστε το πουρέ ντομάτας. Προσθέστε το φύλλο δάφνης, το γαρίφαλο, πιπέρι, αλάτι, ζάχαρη και κανέλα και αφήστε το φαγητό να μαγειρευτεί σε κλειστό σκεύος (περίπου 45 λεπτά). Στο τέλος της διάρκειας του μαγειρέματος προσθέστε το βασιλικό και το φασκόμηλο.

4 Ζεστάνετε ελαφρά το γάλα. Λιώστε το βούτυρο και προσθέστε προσεκτικά το αλεύρι, κάψτε το ελαφρά (στον πάτο της κατσαρόλας δημιουργείται μια άσπρη πέτσα) και ανακατέψτε σιγά-σιγά προσεκτικά το γάλα.

5 Βράστε τη σάλτσα ανακατεύοντας συνεχώς (περίπου 10 λεπτά) και λίγο πριν το τέλος της διάρκειας του μαγειρέματος καρυκεύστε με χυμό λεμονιού, αλάτι, πιπέρι και μοσχοκάρυδο.

6 Χύστε λίγη σάλτσα κρέατος και σάλτσα μπεσαμέλ σε μια βουτυρωμένη φόρμα σουφλέ και ανακατέψτε τις.

7 Βάλτε επάνω μια στρώση από φύλλα λαζάνια και περιχύστε τα με μια στρώση σάλτσας κρέατος και μια στρώση σάλτσας μπεσαμέλ, πασπαλίστε από πάνω μοτσαρέλα και παρμεζάνα. Επαναλάβετε αυτή τη διαδικασία, μέχρι τελιώσουν όλα τα υλικά του φαγητού.

8 Σκεπάστε τα τελευταία φύλλα λαζάνια με σάλτσα μπεσαμέλ και πασπαλίστε τα με παρμεζάνα και με νιφάδες βουτύρου. Για ψήσιμο ογκρατέν βάλτε το φαγητό στο φούρνο και σερβίρετέ το ζεστό.

		Θερμοκρασία (°C)	Ύψος τοποθέτησης	Διάρκεια μαγειρέματος (λεπτά)
	⊛	160 - 170	1	45 - 55
	⊟	180 - 190	2	45 - 55
Compact:	⊛	160 - 170	1	50 - 60
	⊟	170 - 180	2	50 - 60

Μπούτια κουνελιού

Ταψί σουφλέ

για 10-12 μερίδες:
10-12 μπούτια κουνελιού (από 220-250 γρ.)

Μπούτια κουνελιού με κρούστα μουστάρδας-αρωματικών φυτών:
πιπέρι
1 ματσάκι θυμάρι
4 κλαδάκια δενδρολίβανο
3 κλαδάκια φασκομηλιάς
120-150 γρ. μουστάρδα Ντιζόν, καυτερή

Μπούτια κουνελιού Προβηγκίας:
ελαιόλαδο
2-3 σκελίδες σκόρδου
½ ματσάκι θυμάρι
2 κλαδάκια δενδρολίβανο
2 κλαδάκια φασκομηλιάς
3 φύλλα δάφνης
8 σιναπόσποροι

1 Μπούτια κουνελιού με κρούστα μουστάρδας-αρωματικών φυτών: Πλύντε τα μπούτια του κουνελιού, στεγνώστε τα με χαρτί κουζίνας, πιπερώστε τα ελαφρά και βάλτε τα σε μια βουτυρωμένη φόρμα σουφλέ.

2 Πλύντε το θυμάρι, το δενδρολίβανο και τη φασκομηλιά, τινάξτε τα για να στεγνώσουν και αφαιρέστε τα φυλλαράκια από τα κοτσάνια, ψιλοκόψτε τα, προσθέστε μουστάρδα και ανακατέψτε τα καλά.

3 Αλείψτε τα μπούτια με το μείγμα μουστάρδας-αρωματικά φυτών και ψήστε τα στο φούρνο.

1 Μπούτια κουνελιού Προβηγκίας: Πλύντε τα μπούτια κουνελιού, στεγνώστε τα με χαρτί κουζίνας και αλείψτε τα με λάδι.

2 Καθαρίστε τα σκόρδα και κόψτε τα κατά μήκος στη μέση. Πλύντε το θυμάρι, το δενδρολίβανο και τη φασκομηλιά, τινάξτε τα για να στεγνώσουν και αφαιρέστε τα φυλλαράκια από τα κοτσάνια και ψιλοκόψτε τα.

3 Αλείψτε τα μπούτια ολόγυρα με λάδι και βάλτε τα σε ένα μπολ με καπάκι. Μοιράστε τα αρωματικά φυτά, τα φύλλα της δάφνης και τους σιναπόσπορους ανάμεσα στα μπούτια, κλείστε το μπολ και αφήστε το κρέας να τραβήξει (περίπου 1,5-2 ώρες).

4 Βάλτε τα μπούτια σε μια φόρμα σουφλέ και ψήστε τα στο φούρνο.

		Θερμοκρασία (°C)	Ύψος τοποθέτησης	Διάρκεια μαγειρέματος (λεπτά)
	⊛	170 - 180	1	35 - 40
	⊟	200 - 210	2	35 - 40
Compact:	⊛	170 - 180	1	35 - 45
	⊟	200 - 210	2	35 - 45